사진촬영_ 김규형

멍게 먹는 법

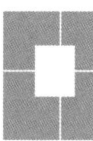

애지시선 065

멍게 먹는 법

2016년 3월 23일 초판 1쇄 발행

지은이 이동순
펴낸이 윤영진
편 집 함순례
홍 보 한천규
펴낸곳 도서출판 애지
등록 제 2005-5호
주소 34623 대전광역시 동구 대전로 867번길 46 4층
전화 042 637 9942
팩스 042 635 9941
전자우편 ejiweb@hanmail.net

ⓒ이동순 2016
ISBN 978-89-92219-63-1   03810

* 저자와의 협의에 의해 인지를 생략합니다
* 이 책 내용의 전부 또는 일부를 재사용하려면 저자와 애지 양측의
  동의를 받아야 합니다

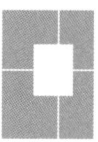

예지시선 065

멍게 먹는 법

이동순 시집

시인의 말

　지난 한 해는 내 삶의 구간에서 격한 변화의 시간이었다. 우선 41년이라는 강단생활을 끝내고 정년퇴직했다. 생의 한 구간을 정리하고 또 새로운 구간을 시작하는 지점에 서 있다. 마음이 홀가분하다.
　흘러간 시간을 돌이켜보니 강물처럼 길고 유장한 도정(途程)이었다. 어떻게 그 험산악로를 견디어 예까지 이르렀던가? 바람 부는 산길에 잠시 앉아 다리쉼을 하면서 온 길과 갈 길을 곰곰이 헤아려 본다. 첫 돌 전에 세상을 떠나신 어머님이 이날까지 늘 걱정스런 얼굴로 아들 곁에 계셨음에 틀림없다. 포성이 들리는 길 위에서 나는 태어났고, 그 길에 머물다가 때가 되면 떠나게 될 것이다. 그날까지 나는 내 앞에 펼쳐진 나의 길을 그저 묵묵히 걸어갈 뿐이다. 열다섯 번째 시집으로 조촐한 자축(自祝)을 삼는다.

2016년 3월
이 동 순

차례

제1부
왕릉 011
긴타로 식당 012
다케가와라 온천 013
풍경소리 014
북해도에서 016
고쿠라 역을 지나며 018
꿈에 쓴 편지 019
춘향 연가 020
민들레 021
봄날 022
멍게 먹는 법 024
소낙비 026
선술집 탱고 028
파도의 춤 030
미조항 블루스 032
빗방울 폴카 034
살사리꽃 036
빨래의 춤 038

반딧불이 040
계면조界面調의 가을 042
연 044
별이 풀에게 046
가오리연 048
길 위의 신문지 050
고래와 놀다 052
자연의 이치 054
글 농사 056
청령蜻蛉 057

제2부

청년 백석白石 061
무장茂長 들판의 바람소리 062
삼정지三井池 064
후연정後淵亭 066
돌비 068
두만강 나비 070
늙은 오동나무 072
노거수老巨樹의 말씀 074
유랑극단 076
악극단 078
수용소 080
떠돌이별 082
녹두 083

제3부

자전거에 관한 명상　087
길　088
열반으로 가는 길　090
사랑과 운명　092
자전거의 어머니　094
자전거는 누구와 만나는가　095
그대 생각　097
봄산　098
진정 사랑한다는 것은　100
당나귀　102
사랑에 빠지다　104

제4부

모닥불　109
아기 무덤　110
통가라는 이름의 말수레　111
떠돌이 개　112
화장터의 악사　114
천막집　115
그의 전생　116
고단한 세상　117
말똥　118
델리의 새벽　119

산문 가파른 시대에서의 시인적 삶과 역할 | 이동순　121

제1부

왕릉

왕릉이 햇볕을 쬔다
왕릉은 묶인 소처럼 고개를 흔들다가
제풀에 지쳐서 꾸벅꾸벅 존다
왕릉 위의 하늘에는 새들이 닦아놓은 길이 있다
그 길을 따라 줄곧 북녘으로 날아가는 놈들이 있다
왕릉은 그들이 떠난 빈 하늘을 물끄러미 바라본다
왕릉은 가고 싶어도 못 간다
오직 그 자리에 엎드린 채 천년 세월을 보내었다
왕릉은 자신이 너무 많이 살았다고 생각한다
아무도 왕릉의 나이를 모른다
왕릉의 주변으로 인간의 집과 전봇대가 늘어나
조금씩 땅을 먹어온다
왕릉은 그 꼴이 보기 싫어 끙 하고 돌아눕는다
이때 왕릉의 뒷덜미를 가만히 보면
깊은 잠에 빠진 것 같다

긴타로 식당

벳푸의 오래된 스시집
긴타로에서 늦은 점심을 먹는다
실내 스피커에선
후랑크 나가이의 감미로운 엔카가 강물처럼 흐르고
창밖 길거리에는 온천 하러 온 사람들이
가자미처럼 걸어간다
식당 주인은 생선초밥을 뭉치느라 바쁜데
구수한 미소된장국 냄새가
향기로운 오후
가랑비는 오락가락하는데
벳푸는 나른하다
벳푸는 안개 속에서 조용하다
벳푸는 해초처럼 일렁이며 말이 없다

다케가와라 온천

기와도
나무기둥도 처마도
서까래도 욕조 천장의 회칠도
백여 년 세월이 넘었다고 합니다
일본 벳푸의
다케가와라 온천
이곳을 드나든 사람의 수는 무릇 그 얼마일까요
벽과 천장에는 시간의 얼룩이 보입니다
징용으로 지원병으로 정신대로 끌려왔다가
돌아갈 기회를 잃고
이곳 다케가와라 온천에 와서
가슴속 상처를 잊으려
뜨거운 욕조에서
눈을 지그시 감고 앉았던
서러운 동포들을 생각해 봅니다
그들이 남기고 간
땀과 눈물과 고통과 애련이
물 위의 기름처럼 둥둥 떠 있습니다

풍경소리

그 식당 추녀엔
물고기가 달아나고 종만 댕그랗게 남은
풍경 하나가 있었습니다
그 쓸쓸한 모습을 보며
내가 물고기를 만들어 달아주어야겠다고 생각했어요
어느 비 오던 밤
나는 청동물고기를 만들어
비늘도 새기고 지느러미도 새기고
마지막엔 눈알을 새겼답니다
그 청동물고기를 품에 안고
혼자 있던 종에게 다가가
달아주었어요
한순간 바람이 일며
물고기가 종체를 일깨웠지요
한없이 맑고 낭랑한 소리가
꽃향기처럼 피어나
반곡지 쪽으로 불어갔습니다

나는 눈을 감고
그 풍경소리를 들었습니다

북해도에서

일본 북해도의
눈 나리는 거리를 걸어간다
눈발이 굵어지면서
모자 창 둘레에 눈이 수북이 쌓였다
가슴이 끓어올라
길가 선술집에 들어가 앉았다
가리비 안주를 시켜놓고
소주를 마시며
함박눈 내리는 이국의 거리를
물끄러미 바라본다
숯불 위에서 가리비는 익어가고
눈발은 점점 드세어진다
70년 전 이곳
탄광에 징용으로 끌려와서
피눈물로 세월을 보내었다던
한 노인을 생각한다
그분도 오늘 같은 날

펑펑 내리는 북해도의 눈발 속에서
고향 집 그리움에 울었으리
그 눈물 지금 밤하늘에서
저 혼자 글썽이는 별이
되었으리

고쿠라 역을 지나며

70여 년 전 한 식민지청년이 현해탄을 건너와
삐걱거리는 내륙열차를 타고 도착했던
일본 고쿠라
그곳 발전소에서 잡역부로 일했던
한 조선청년의 땀과 눈물과 고독을 생각한다
그 청년은 나의 아버지다
멀리 보이는 굴뚝에서
흰 연기가 뭉글뭉글 피어오른다
그 굴뚝 언저리 어딘가에 아버지의 발전소는 있었으리
구불구불한 골목길을 따라
무거운 등짐을 지고 힘겹게 걸어가는
청년의 뒷모습이 보인다

꿈에 쓴 편지

꿈에 당신 그리워
꿈속 물을 붓에 찍어
꿈속 종이에다
천리장강보다 더 길고 긴
만단장서를 내가 썼었는데
홀연 꿈을 깨니
한 마리 새처럼 저 먼 곳으로 날아가
다시는 돌아오지 않습니다
그러나 무슨 편지였던지
속사연만은
또렷이 기억하고 있지요

춘향 연가

 향단아 새벽닭이 우는구나 나는 이 긴긴밤을 꼬박 새우고 말았구나 오마시던 도련님은 어찌하여 기별조차 없으신가 길에서 발을 다쳐 끙끙 앓고 계시는가 한 잔 두 잔 빈속 술에 길게 취해 누웠는가

 앞마당 감나무를 쓸어오는 저 바람소리가 오늘따라 왜 이리도 크게 들리는지 어미 품 파고드는 강아지의 칭얼거림이 왜 이다지 서러운지 밤새 감았던 생각의 실꾸리를 다시 풀어 거듭 감고 감다가 넋을 놓고 도련님 생각에 눈을 감네 향단아 저 달님께 기별해라

 도련님 오실 때 앞길이 보이도록 환한 등불 밝히라고 저 별님께도 기별해라 도련님 혹시라도 길 잘못 들지 않도록 앞길 인도하라고 그리고 향단아 까막까치에게도 기별해라 도련님 오실 때 감나무 가지에 앉아 기다리다가 큰 소리로 외쳐달라고

민들레

그는 나리네
하얗게 나풀나풀 나리네
바람을 타고
설레는 가슴으로
강아지의 등에도 나리는구나
어딜 간다고
그리도 바쁜 걸음이었니
저 아득한 곳에 누가 기다리고 있나
해도 저물고
저녁공기는 차가운데
그의 갈 길은 아직도 멀었구나
바람이 불면
저 캄캄한 하늘로 하늘로
또 떠나가네

봄날

온 세상이 꽃이구나
내 방 들창 앞의 해당화도
많은 꽃봉오리를 맺었다
저 꽃알들이 모두 아우성치며 터지는 날
이 봄은 정녕 더 아름다우리라

나는 종일 네 그리움으로 젖어있다
하나의 꽃이 피고 지고
또 다른 꽃이 그 뒤를 이어 줄곧 피어나듯
우리 사랑도 긴 강물의 역사처럼
다함없으리라

깊은 밤
내가 소리 내어 책 읽을 때
너는 책갈피 위에서 은은히 웃으며 나를 본다
네 생각에 겨워서 감나무를 보면
너는 우듬지 까치집에서 너울너울 손짓한다

하루해도 저물어
방문을 닫으면 너는 바람이 되어 문고리 흔든다
이렇듯 네 그림자 속에서 밤이 오누나
향아 어서 가까이 다가와
내 손을 잡아다오

멍게 먹는 법

나는 갯것이 좋다
갯것들 중에서도 멍게가 좋다
왜냐하면 멍게는
깊은 바닷속 바위틈에서
긴긴날 혼자 생각에 잠겼던
기막힌 고독의 세월이 있었기 때문이다
통통한 알맹이
그 속살을 반으로 갈라
통째 입에 넣고 씹지 말 것
그저 차분히 멍게를 머금은 채
소주 한 잔 털어 넣고 지그시 눈만 감을 것
그때 은은히 감도는 멍게향기는
필시 고독의 내음일지니
이윽고 입 속에서 일어나는 놀라운 사태
소주와 멍게는 서로 부둥켜안고
블루스를 춘다
스텝을 맞추며 빙빙 돌아가는

나의 입 안은 바로 녀석들의 무도장
그들의 블루스가 끝날 때쯤
언제든지 멍게를 삼켜도 좋다

* 수필가 구활의 산문 「멍게와 소주의 블루스」〈주간매일〉,
 (2013.8.22)를 읽은 감흥을 시로 옮김.

소낙비

묻어가자
비구름 묻어가자
저 멀리 아련한 갈미봉 너머
위풍당당한 걸음걸이로 묻어가자

파고들자
어머니 젖가슴으로 엉겨들 듯
목마른 금박산 기슭
타다닥 탁탁 내려 꽂히자

대지여
서둘러 내 손을 잡아라
너의 먼지 풀썩이는 정신 속으로
봇도랑 철철 넘치게 할지니

지금 이 시간
지상의 메마른 것들

아기 새처럼 일제히 입 벌리고 하늘 받아라
그리고 구부렸던 등을 펴라

선술집 탱고

하루해 저물어가네
저 멀리 빗길을 터벅터벅 걸어가는
뱃고동소리 보이네
바다로 나간 해녀들 허기진 마음 등에 지고 돌아오네
비린내 풍기는 항구의 뒷골목으로
늘 먼지 낀 유리창 허름한 탁자
젖은 눈에 서려오는 세상은 희뿌연 안개

술집 작부 몇이 둘러앉아
수상한 물안개 데리고 노네 그들 틈으로
담배연기 황급히 도망치네
심심한 갈매기는 텅 빈 부두에서
줄곧 스타카토로 무언가를 날카롭게 보채네
이제 그들의 꿈과 날개는
어느 먼 나라로 훨훨 날아가버렸나

쓸쓸한 술집에서

종일 수평선만 바라보는 늙은 어부들
오, 그들 살아온 길 보이네
거친 파도와 고장 난 나침판
찢어진 그물코 사이로 빠져 달아난 물고기
그 끝으로 서둘러 떠나간 여인이
눈에 암암 떠오르네

파도의 춤

그것은
혼자서 너울거리다
하얀 물거품으로 부서지는 춤

저 먼 곳에서
수탉처럼 두 날개 세우고 달려왔다가
언제 그랬냐는 듯 슬그머니 뒷걸음질하는
억만년 세월의 춤

내 어릴 적 친구들과
어깨를 겯고 이마에 땀 흘리며 기운차게 내닫던
가을 운동회에서의 춤

집이 싫어서
부모님이 미워져서
눈을 감고 막무가내로 달려가던
소년시절의 춤

그날의 실루엣은
움켜쥔 모래알 되어 스르르 빠져나가고
'인생'이라는 이름의
쓸쓸한 간이역 앞마당에 맴도는
텅 빈 바람 춤

미조항 블루스

남항장 여관 앞길로
아침햇살 비틀비틀 걸어가네
어디서 온밤을 그렇게 통째로 마셔대었나
이젠 정신 좀 차리세요
눈감고 전봇대에 기댄 그에게 바람이 속살거리네

기운차게 뱃고동 울리며
항구로 배 들어오네
먼 바다에서 꼬박 밤새운 어선들
갑판의 멸치더미
은빛구두를 신고 춤을 추네

있는 힘껏 몸 솟구쳐
톡톡 튀어 올랐다간 덧없이 제자리로 떨어지네
선창에 줄곧 부딪치는 파도와
닝닝 우는 전선줄만이
항구의 리듬이네

미조항 리듬에 맞추어
어부들 손길도 차츰 바빠지네
그물 말아 올리며 힘차게 털어내는 멸치
힘겨워도 어깻짓으로 숨결 고르며
서로 그물귀 맞잡고 노래까지 부르네

어부들 이리도 바쁠 때
갈매기는 뱃머리에 앉아 틈새 엿보네
바다는 항구를 부여안고 검푸른 스텝을 밟네
저 멀리 다방 앞 쓸고 있는 아가씨 보이네
오, 항구여 너는
출렁이는 한을 품고 몇 백 년을 살아왔나

빗방울 폴카

빗방울이
떨어져 내리네
저수지 위로 통통

저수지엔 바야흐로
연꽃이 만발
혼자 바람 즐기는 연잎 위에서
빗방울은
유리구두를 신고 폴카를 추네

휘익 날아서 공중제비하는 녀석
떨어지다 거꾸로 솟구쳐 뛰어오르는 녀석
꽃잎 위에 서서 한 발을 들고 살금거리는 녀석
발끝으로 장난스럽게 물살 튕기는 녀석
마주 부둥켜안고 빙글빙글 도는 녀석
앞으로 내닫다 문득 돌아서는 녀석

춤이 끝나자
온몸을 굴려 물 속으로 또르르
연밭엔 온통
빗방울 다녀간 발자국

살사리꽃

내래 북에서 왔시오
꽁꽁 언 두만강 넘어서 왔시오
아배는 양식 구하러 나가 소식 없고
어매는 보따리장사 다니다 연락 끊겼시오
혼자 장마당에서 비럭질로 살아가던
나는 회령 땅 꽃제비였시오
두만강 얼음장 소리 크게 들리던 밤
막대기 하나 들고
입은 옷 그대로 강 건넜시오
그렇게 오다보니 남녘까지 굴러 왔시오
야윈 목에 파리한 얼굴
아는 이 하나 없는 빈털터리
이런 나를 어느 누가 거두어주갔시오
고향 그리울 적이면
그저 북녘하늘만 바라보지요
그리운 이름 아무리 불러도
무심한 바람은 마냥 스쳐만 가지요

나는 나는 살사리꽃

가슴에 슬픔도 서러움도 많은

살사리꽃

* 살사리꽃 : 코스모스의 우리 말.
* 꽃제비 : 떠돌이, 방랑자란 뜻의 러시아 말 코체비예(KOчeBbe)의 북한식 말. 16세기 이전의 떠돌이는 '꽃제비', 30세 이전은 '청제비', 40세 이후는 '노제비'로 불린다고 한다.

빨래의 춤

언덕 위
오두막집 앞마당
저 혼자 바람에 휘청휘청
굵은 빗줄기라도 뿌리면
온몸을 고스란히 내맡기는 그대여

날 개면
파르르 떨며 온몸 매달려
하늘 보고 하루를 견디다가
따스함으로 다가올 사랑 그리워하네

홀로 이리저리
제멋에 휘리릭 펄럭이기도 하고
허공으로 소리 내어 불러도 보네

그대여
오늘도 잠시 사운대다 가는가

모두가 떠난 빈자리에 쓸쓸히 남아
너풀너풀 흔들리고 있구나

반딧불이

내소사로 들어가는
숲길에 해는 지고 간간이
가랑비도 스쳐간 저녁 어둠 속으로
나는 그대와 함께 걸어가네

그대는
저만치 앞에서
꽁무니에 은은한 빛을 뿌리며
내 곁에 있네

그대는
이따금씩 가슴 불빛으로 신호하네
꺼질 듯 꺼지지 않는
멈출 듯 멈추지 않는

밝음 속에선 눈이 멀어도
어둠 속에서 오히려 환히 보이네

제 몸을 태워서 밝히는 불
나를 감싸고 도네

계면조界面調*의 가을

한 잎 두 잎
갈매나무 잎들 떨어져 내리며
아쉬운 듯 춤을 추네
아무도 보는 이 없을 때 땅바닥에 사뿐 내려 앉아
이곳저곳 우르르 몰려다니며
자기들끼리 잡은 손 쥐었다 놓았다 하네

그러다 한참을
사슬에 묶인 노예 얼굴을 하고
앉은 채로 흐릿한 먼 하늘 올려다보네
길모퉁이마다 옹송그리며 떨고 있는 적막한 핏줄들
더러는 모닥불 속에서 활활 타오르며
살아온 날들이 아쉬운 듯 사륵사륵 소리를 내네

올라라 타올라라
모든 것이 흔적 없이 사라져 버린
저 거리 텅 빈 거리

바람은 또 한 떼의 낯선 나뭇잎들을 데리고 와
그 앞에서 무슨 할 말 그리도 많은가
오, 삶이란 고단한 낙엽

바람소리에
문 삐걱대는 허름한 선술집
손님도 하나 없이 주인은 혼자 앉아있네
그 옆에서 나뭇잎은 시린 손바닥 비비며 떨고 있네
유난히 길고도 추운 겨울이 오려나보다
자, 나도 이제 떠나야겠다

* 한국의 전통음악에서 음계를 이루는 음조직의 하나.
  슬프게 우는 느낌의 가락.

연

활주로를 미끄러지는
멋진 은빛 전투기처럼
사뿐하게 대지를 박차고 솟아오른다

차가운 냉기
온몸으로 가르는 공기저항
저 아래로는 사람들 개미처럼 꼬물거린다

바람을 가르며
한껏 신명나는 동작으로 춤사위 하네
하늘은 무대, 해방과 자유는 이날 공연의 주제

사람들이
일제히 고개를 들고 보면
마치 자신을 뽐내는 듯 좌우로 몸을 우쭐거린다

하지만 그는

자신의 운명을 여전히 강하게 긴장시키고 있는 것이
가느다란 한 가닥 매듭인 줄 모른다

세찬 돌개바람에
팽팽하던 목줄이 끊어진 순간
몸은 두둥실 떠서 어디론가 떠밀려간다

별이 풀에게

해 저물도록
뽀얀 먼지 뒤집어쓴 채
하늘만 멍하게 바라보는 풀

개가 앉았다 가고
참새가 작은 발로 통통 밟고 가고
구름도 잠시 머물다 가고

비바람 몰아칠 때도
다부지게 이리저리 몸 뒤채이며 종일
누구를 기다리나

마침내 별들이
제 가슴 열고 지상을 물끄러미 보살피는 시간
풀은 그제야 일어나 춤을 추네

별은 칭얼대는 아기 타이르듯

이슬에 젖은 풀을 안고 토닥이네
너를 일으켜 세울 자는 너 뿐이란다

가오리연

눈보라 그치고
높새바람 살랑살랑 불면
흐르는 콧물 소매 깃에 슬쩍 닦으며
벙어리장갑 끼고
집 뒤 언덕으로 올랐지

며칠째
얼마나 집 밖으로 나가고 싶었던가
아부지 정성껏 만들어주신
가오리연 손에 들고
또 한 손엔 실꾸리 감아쥐고
작은 짐승처럼 달려 올라간 산언덕

바람은 잔풍하게 불고
이런 날은 내 가오리연이 잘 날겠네

겨울햇살에 얼굴은 그을려 반짝이고

고무신 속에서 맨발은 꽁꽁
강아지처럼 떨면서도
연 날리던
어린 날

길 위의 신문지

나는 길 위의 신문지 조각
부는 바람에 이리저리 허튼춤 추다가
지친 몸 이끌고 이젠 어디로 가지
일찍 문 닫아버린 가게 유리창에 몸 기대어
오가는 이 멍하게 바라보고 있네

돌연 소낙비 쏟아지면
세상은 모든 것이 다급한 템포
우산 없는 사람들은 갈피를 못 잡고 허둥지둥
이럴 때 나는 비에 젖어
노숙자처럼 땅바닥에 누워있네

얼마나 먼 길을
시달리고 부대끼며 떠밀려 왔던가
한때는 나를 가방에 넣고 소중히 다루던 사람들
그러나 그것도 잠시
나는 곧 지하철 선반 위에 버려진 고아

고물상 폐지더미에서
헤어진 우리 형제들 다시 만나네
내 몸이 산산조각 부서져 또 다른 모습으로 태어날
그 기막힌 재생의 시간은 언제일까

고래와 놀다

고래 만나러
장생포 항구 떠난다
사람들은 금방이라도 고래 만날 듯
수평선 쪽을 기웃기웃
이놈의 고래는 대체 어딜 갔나

고래는 안 보이고
풍랑은 점차 거칠어만 간다
배의 기관소리에 귀가 먹먹해질 즈음
사람들은 하나둘 졸거나
더러는 술을 마시기도 한다
나는 책을 꺼내어 고래사진을 본다

큰 바닷속에서
고래종류는 많기도 하다
범고래 흰돌고래 일각고래
병코돌고래 쇠향유고래

쇠고래 흰긴수염고래 혹등고래
북극고래 밍크고래 정어리고래 큰고래

나는 깊은 바닷속에서
이 아름다운 고래들과 어울려 놀았다
기쁠 때 너는 어떻게 춤을 추니
슬플 때 너도 눈물이 나니

얼마나 좋았을까
책은 바닥으로 떨어지고
나랑 춤추던 고래들은 가버렸네

자연의 이치

나무의 눈동자가
왜 저토록 연둣빛인가
고운 님 기다리며
동구 밖 숲길을 뚫어져라 바라보다
그리 된 거예요

우듬지 끝
까치집이 어찌
저리도 높은 곳에 얹혔는가
고운 님 오시는 모습을 가장 먼저 보고
그 기쁜 소식 전해주려고
그런 거예요

마당귀 풀꽃들이
어찌 저리도 일찍 피어났나
고운 님 대문께에 들어설 때에
크게 환호하며

손 흔들어주려고
그런 거예요

밤하늘 저 별이
왜 눈물에 젖어 글썽이는가
오신다던 고운 님이
끝내 못 오신다는 기별을
전해왔기 때문이지요

글 농사

내가 농림학교 다닐 때
변소의 똥을 퍼서 밭에 뿌렸지
그 밭에 뿌린 씨가
파란 생명으로 움트는 것을 보았지

농사를 지어본 사람은 알지
가꾸고 보살피는 정성과 사랑이 무엇인 줄
거두는 행복의 시간도 깨달았지

눈 나리는 창가에서
사랑하는 사람과 차를 마시며
한해를 돌아다보는 성찰의 소중함도 알지

그래서 나는
글 농사를 짓게 되었지
이 농사가 너무 좋아서 이따금
혼자 막걸리를 마시고 청산도 바라보지

청령 蜻蛉

마른 옥수수 대궁에
고추잠자리 한 마리 날아와
사뿐 나려 앉았다

도를 닦는 스님인양
묵언수행으로 제 자리를 지킨다
무슨 화두가 그리 깊으신가

큰 깨달음이라도 얻었는지
청령은 이윽고
아래위로 꼬리를 까딱

제2부

청년 백석白石

그는 아오야마 교복을 입었다
그의 앞가슴에는 금단추가 빛난다
높은 코와 무거운 입술은 마치 고대희랍의 조각 같다

그는 굵고 고독한 눈을 가졌다
새벽길 떠나는 나귀 방울소리만 듣고도
푸른 눈물을 흘릴 것만 같다

그는 전차를 타고
서울 화신백화점 부근을 돌아가는 중이다
더부룩한 곱슬머리는 지혜의 윤기로 반짝인다

그는 뜬금없는 바람이다
온다간단 말도 없이 떠나갔다가
어느 날 불쑥 나타나서 세상의 가슴을 휘저어놓는다

무장茂長 들판의 바람소리

가만가만 들어봐
저 들판에 서성이는 바람이
뭐라고 소리치는지 귀 기울여 들어봐

가장 귀한 게 사람인데도
사람을 사람으로 여기지 않는 세상을 개탄하는
저 무장 들판 기포起包 소릴 좀 들어봐

힘없고 가난한 농민들
집집마다 마을마다 몰려나와 의로운 깃발 들었나니
마침내 호남 고창 땅 무장이여
그 봄 들판에서 솟구치는 바람이여

옳다
이제는 잘 되었다
하늘의 이치가 어찌 무심하랴
어차피 썩은 세상 물러가고 새 세상 와야 한다네

가만가만 들어봐
저 들판에 서성이는 바람이
뭐라고 소리치는지 귀 기울여 들어봐

삼정지 三井池

그해 겨울
수운 최제우 선생은
혹세무민의 죄명 외치며
들이닥친 포졸에게 꽁꽁 묶여 끌려갔다
봉두난발로
소달구지에 실려 삐걱삐걱
산 넘고 강 건너 서울로 올라갔지만
국상을 당해 도로 내려와야만 했다

교도들이
스승을 모셔갈 것이 두려워
돌아오는 길은 다른 노선으로 우회하였다
멀고도 가파른 눈보라 길
그 루트를 책에서 더듬다 보니
놀라워라 내가 사는 경산 자인벌
삼정지 부근 주막에서 하룻밤 묵고 가셨구나

겨울 저수지에는
시들고 목 부러진 연잎이
물속에 머리를 박은 채 얼음에 잠겨있다
그해 겨울처럼
하늘은 여전히 찌푸린 구름

후연정 後淵亭

수운 선생이
대구 관덕정에서 참수되자
제자들은 스승의 주검을 수레에 싣고
담티고개를 넘었다
어깨를 늘어뜨리고
종일 터벅터벅 걸어서 당도한 경산 압량벌
진못 언저리에 다다르자
해가 떨어졌다
집 뒤로 못이 있어 길손들이 후연정이라 부르는
주막집 방 한 칸에 선생을 모셨다
하루가 지났건만
그의 몸은 여전히 따스했다
그날 밤 시작된 비가
내리사흘을 줄기차게 퍼부었다
세상의 모든 눈물
모조리 휩쓸어 한꺼번에 뿌리시는가
내 오늘 후연정 자취를 더듬어

진못 방천 거닐어본다
옛 주막은 흔적 없이 사라지고
저수지 물 위론 흰 구름만 흘러가누나

돌비
— 상허 이태준 선생 문학비 제막식장에서

언제였던가
우리 겨레의 하늘 위로
모질게 불어닥친 불바람 있었다
여러 해를 두고 휘몰아쳐
많은 사람들
소란 속에서 제 갈피 잃고 허우적거렸다

길 끊어지고
오래 물먹은 뒷산은 와르르 무너져
산 밑에 살던 사람들
다 파묻혔다
기슭에 홀로 서서 옛날을 일러주던
돌비 하나도
산사태 속으로 사라졌다

다시 세월은
얼마나 흘러갔는가

살아남은 사람들 하나둘 돌아와
날선 보습으로 땅을 일구더니
파묻혔던 돌비 기어이 찾아내었다
매몰의 어둠 속에서
아름다운 정신 함께 되살아나
햇볕 받으며 반짝이는 이 감격이여

두만강 나비
— 김규동 선생께

나 태어난 곳은
두만강 물소리 들리는 곳
그해 가을
서울의 기림 선생 만나고 온다며
고향 집을 떠났지요
우리 엄마는
이 아들 모습 보이지 않을 때까지
사립문 앞에서
손 흔들고 계셨지요
그게 어머님과의 마지막이었네요
남으로 내려와 어언 오십 년
돌이켜보니
아둥바둥 살아왔구면요
남녘이 따뜻한 줄만 알았는데
살아보니 더 쌀쌀하고 차디찼어요
기댈 곳 하나 없이
뼛골이 저미도록 늘 외로웠지요

병석에 누워서 나는
한 마리 나비 되어 북으로 북으로 날아갑니다
자나 깨나 이 아들 기다리시는
어머님께서도 나비 되어 팔랑팔랑
남으로 내려오십니다
우리 모자는
비무장지대에서 만나 몸 부비고
서로 어쩔 줄 몰라합니다
소스라쳐 깨면
꿈이었지요
포근한 햇살 속에 서로 더듬는
나비 두 마리

* 김규동(金奎東, 1925~2011) : 시인. 함북 경성 출생. 경성 중학 시절의 스승 김기림(金起林, 1908~?) 시인을 만나러 서울에 왔다가 고향에 돌아가지 못하고 세상을 떠났다.

늙은 오동나무

밤이면
하늘 신선이
거미줄 타고 내려온다는 해묵은 오동나무
유서 깊고 의젓한 잎들이
오늘은 길게 누워 가을비에 젖고 있다

상강 무렵
성미 급한 잎들 땅에 떨어져
바람에 서걱이며 쉰 목소리 내고 있다
마당귀에서 집난이처럼 쪼그리고
종일 무언가를 중얼거린다

고목 밑에 굴을 파고
바쁘게 드나들던 들쥐는 왜 줄곧 안 보이는가
길고 푸른 팔을 흔들던
오동나무는 이제 빈 가지만 남았다

많은 세월이
이 나무 밑으로 흘러갔다
늙은 오동나무는 지그시 감는다

노거수老巨樹의 말씀

아이야
내 허리를 안고
놀란 눈으로 나를 올려다보는 아이야
나도 너 같은 시절이 있었단다
오랜 세월 잘 참고 견디렴

나처럼 되고 싶다면
봄바람 가을비 싸락눈과 눈보라
천둥과 먹구름을 네 친구로 만들어 보렴
대지의 가슴에 귀를 대고
기쁨과 슬픔의 내력까지 소상히 알아야 한단다

실뿌리가 힘겹게 길어 올린 물은
가지 끝으로 어서 어서 보내줘야 해
그렇게 세월이 흐른 뒤면
사람들 찾아와 네 몸을 어루만지며
시간의 깊은 주름을 헤아리지

아이야

결코 서둘지 말고 너의 터전을 기다리렴

묵묵히 견디고 살다 보면 언젠가

우뚝한 날이 올 거야

유랑극단

떠돌다 불쑥
예정 없이 엮어 세운 가설극장
간밤에 쏟아졌던 박수와 휘파람은
모두 어디로 갔나
이제 무대는 다시 빈 공터
말뚝 박은 자리엔 맨흙이 드러나 있다
인생은 쓰디쓴 커피처럼
적적하고 애달파라
눈시울 파고드는
맵고 아린 모닥불 연기
누군가 나직이 노래를 부른다
잘 가세요 잘 있어요
눈물의 기적은 울어대는데
보슬비는 소리 없이 가슴으로 젖어들고
무거운 졸음 속으로
북소리와 나팔소리가 쏟아진다
때 묻고 구겨진 천막에 앉아

짐짝처럼 흔들거리며
이제 또 어디로 떠나갈거나

악극단

빅타 유성기에서
남인수의 〈감격시대〉가 켜지면
마을 사람들은
서둘러 저녁을 먹고
휘파람 불며 불며 가설극장으로 몰려왔다
악사들 나팔소리가 들려오면
어린 나는 강아지처럼 내달았다
서울서 온 악극단원들은
모자를 비뚜름히 쓰고
시골 조무래기들 앞에 어깨를 으쓱이며
이빨 사이로 침을 찍찍 뱉었다
가설극장 무대가 점점 달아오르면
〈눈물의 금자탑〉에서
옷고름 적시는 아낙네들
〈희비의 쌍곡선〉에서
두 주먹 불끈 쥐는 남정네들
막 내린 무대 위로 만국기 휘날리고

마그네슘 조명이 펑펑 터지면
앙코르 환호소리 드높았다
술 취한 배우들 푸념에 모닥불 꺼져갈 때
동녘하늘 환하게 켜졌다
담배를 꼬나문 늙은 배우들은
트럭에 먼저 올라타서
잠이 덜 깬 어린 단원들을 향해
어서 떠나자고 보채었다

수용소

1950년대 서울
아스토리아 호텔 부근
국립마약환자수용소
출소하시는 아빠를 위해
나는 캐러멜 한 갑을 샀습니다
수용소 담벽에 기대어
한참동안 나를 보시던 아빠
앙상한 손을 잡고 둘이서 말없이 걷던 길
내가 건강해지면
너를 학교에 보내주고 유학도 시켜줄게
아빠의 얼굴에선
눈물이 흐르고 있었습니다
나는 모른 척 쪼그리고 앉아서
아빠의 후줄근한 바짓단을
양말 속으로 구겨 넣었습니다
옷소매에 눈물을 적셔
먼지투성이 구두도 닦고

손톱으로는 신발 흙도 파내며
그렇게 아빠를 배웅했습니다
내 나이
열두 살 때의 일입니다

떠돌이별

인기배우였던 아빠는
기어이 아편중독자 수용소로 끌려갔습니다
아빠가 남긴 빚 갚겠다며
유랑극단 배우가 된 엄마는
시골로 떠나고
여섯 살부터 나는 떠돌이별이었습니다
부모가 있어도
나는 낯선 무대 위에서 살았습니다
박수가 내 밥이었고
무대가 나의 침대였습니다
무대가 나를 가르쳤고
무대가 나를 품고 길렀습니다
사십 년 세월이
무대 위에서 낡은 필름처럼 삐걱삐걱
돌아가고 있습니다

녹두

저 한 알의 녹두가
새로운 땅 펼쳐가는 것을 보았는가
먹구름 걷고 푸른 하늘 열어가는 것을 보았는가
황토언덕에 기운차게 돋아난 녹두

거칠고 메마른 땅에서
항상 서슬 푸른 정신으로 꼿꼿하던 녹두
봄에 피어나 온 들판 뒤덮다가
그해 겨울 끌려가던 녹두의 성난 얼굴을 보았는가

한 알의 녹두가
썩고 병들고 일그러진 세상 바로잡는 것을 보았는가
한 알의 녹두가
새로운 우주 펼쳐가는 것을 보았는가

제3부

자전거에 관한 명상
— 자전거 시편 1

자전거 타고 들길을 가네
길은 어제 내린 비로 온통 흙탕
하지만 나는 이 길을 피할 도리가 없네
되돌아 갈 수야 없지 않은가
힘껏 페달을 밟아 흙탕으로 들어서면
흙물이 등에까지 튀어 오르네
진창길 빠져나오니
울퉁불퉁 돌길
강가에 서 있는 갈대들이
그제야 눈에 들어오네
마른 풀 서 있는 저 강둑길에
내 그림자 길게 비치네
기우뚱한 두 바퀴
바로 세우고
가파른 언덕으로
더욱 힘껏 페달을 밟네
자전거 타고 들길을 가네

길
― 자전거 시편 2

이른 아침
몽골 대초원 언덕길에
희미한 고행의 바퀴자국
내 자전거는 일부러
그런 어슴푸레한 바퀴 흔적을 따라간다
먼지 이는 흙을 다지고 다져
가느다란 이 길이 사라지지 않도록
내 뒤를 따라올 다른 길손이
더듬어 올 수 있도록
두 발에 안간힘을 주어
바퀴자국을 남긴다
한번 다져지고 만들어져도
누군가 가지 않으면
길은 곧 사라져 버리는 것
그대여
내가 가장 염려하는 것은
우리들 가슴과 가슴으로 이어진 길이

다시 잡초로 뒤덮이지 않았는가
아니
그보다 더 두려운 것은
길 찾기를 아주 잊어버린 건 아닌가
하는 점이다

열반으로 가는 길
— 자전거 시편 3

나는 왜
가파른 하늘 길을 오르는가
이른 새벽
바퀴에 바람을 넣고 나는 두근거린다
가슴은 팽팽한 긴장
자전거는 네 굽을 박차고 콧김 푸르륵거리는
한 마리 경쾌한 노새와 같이
산허리를 오른다
비가 오지 않아
길바닥엔 흙먼지 폴폴
여기저기 잔뜩 도사린 돌무지
땅 위로 뱀처럼 기어가는 나무뿌리
가랑비 뿌려서 젖은 날
녀석들은 내 방심을 노린다
하지만 그것쯤은 두려워 말고 타넘어라
그래야
비로소 너의 길을 만날 수 있으리니

길이 험하다고 탄식하는 그대여
지금 가고 있는 길이
열반으로 가는 길인가
과연 그러한가

사랑과 운명
— 자전거 시편 4

저 바다 건너에서
연둣빛 고운 드레스 입고
그대가 사뿐사뿐 걸어오던 날
나는 그대를 처음 만난 기쁨에 설레어
가는 허리를 부둥켜안았다
집으로 모셔온 날
밤에 자다가도 일어나
그대의 방에 슬며시 들어가
긴 긴 여행에 잠 이루지 못 하고
혼자 우두커니 서 있는 그대 곁으로 다가가
살포시 안고 속삭였다
힘들어 하지 마
내가 너의 친구가 되어 줄께
지난 세월 한 마리 충직한 나귀처럼 그대는
나를 등에 태우고 머나먼 길을
시름없이 달려왔다
낯선 나라에 가서도 그대는

항시 내 옆을 지켰다
어제도 오늘도 또 내일도
우리는 한 몸으로 한 길을 달려가리라
지극한 내 사랑이여
운명이여

자전거의 어머니
― 자전거 시편 5

자전거가 달려갈 때
바퀴를 껴안고 받아주는
풋풋한 대지는
자전거의 어머니다
그 어머니는
장차 태어날 자식을 위하여
부드러운 풀밭 길을
마련해 두셨다
문득 혼자라고 느낄 때
나는 얼굴도 모르는 어머니를 찾아
자전거를 타고
들판과 산길을 헤매 다닌다
오늘도 내가
사랑을 가득 싣고 돌아오는 것은
하루 종일 어머니 품에
안기었기 때문이다

자전거는 누구와 만나는가
— 자전거 시편 6

혼신의 힘을 다해
오늘도 달려가는 내 자전거
들길 진창길 언덕길 낭떠러지 길
자전거는 곧장 앞만 보고 우직하게 간다
이미 뚫린 길보다
아직 열리지 않은 길이 더 좋다

두 바퀴 옆으로
놀란 개구리 공처럼 튀어 달아난다
질경이 꽃잎 부러지고
길 건너던 풍뎅이 나동그라진다
진지한 개미 떼 행렬 멈추고
숲길에 쳐놓은 거미들 밥상이 부서진다

새 길 열겠다는 덧없는 욕망 때문에
너희가 이 사태를 겪는구나
하지만 그것은

내 본의가 아니니 부디 벌레들이여
나를 관용하라

오르막 끝에서 헐떡이는데
웬 자전거 하나가 또 산길을 올라온다
너는 다시 페달을 밟으며 그 자리를 떠난다
내 뒤를 오는 젊은 자전거여
주춤거리지 말고 네 앞길 헤쳐가라

그대 생각
— 자전거 시편 7

무거운 마음으로
밤바람 맞으며 거리를 서성이는
그대를 생각합니다
누가 그대를 힘들게 하였나요
무엇이 그대를 이토록 가슴 쓰리게 하였나요

멀리서 기적소리가 들립니다
자전거는 또 먼 길 떠날 채비를 합니다
풍랑과 비바람 헤치고 갈 것입니다
그대여 우리 삶도 풍파를 만날 것입니다
어떤 시련에도 그 시련을 이겨 가야만 합니다

힘들고 지칠지라도
결코 마음의 의기를 꺾지 마십시요
나는 그대의 꿋꿋함을 믿습니다
그대의 부드러움 속에 깃든
다부진 결의를 믿습니다

봄산
— 자전거 시편 8

봄기운 가득한
빈산을 자전거로 오릅니다
언덕길을 오르는 내 가쁜 숨소리
낙엽 밟는 자박거림만 들립니다

가다가 걸음 멈추면
오, 이 기막힌 적료
그 순간 어디선가
작고 가녀린 소리가 들립니다

대체 무슨 소리인가
간밤 가랑비가
우듬지 끝에서 얼음으로 매달려 있다가
아침햇살에 녹아서
산길 가랑잎 위로
톡톡 떨어져 내리는 소리입니다

간밤 몹시도 외로웠던 얼음이
가랑잎에 나직하게 말을 거는 소리입니다
그대여
새벽잠에서 깬 당신이
언제나 나에게 보내주는 다정한 글월도
바로 이런 속삭임입니다

산길을 오르다가
가던 걸음을 멈추고 그 자리에 서서
나는 그대를 생각합니다

진정 사랑한다는 것은
— 자전거 시편 9

그대는
묵묵히 앞만 보며 달려간다
말이라면 풀도 뜯기고
강가에서 마른 목도 축여주어야 할 텐데
그대는 전혀 그럴 필요가 없다
달려가는 중에 한 번씩
사랑의 손길로 목과 등 쓸어주면
너무나 좋아 저절로 쿵쿵 소리를 내는
망아지처럼 즐거워한다
그대는 내가 가고 싶은
모든 곳으로 나를 데려다 준다
내가 가파른 산꼭대기에 오르고 싶어 하면
등을 구부려서 낑낑거리며
그 멀고 높은 곳까지 데려다 준다
언덕길을 달려내려 올 때
제대로 살피지 못하고 기우뚱거리면
그대는 제 몸을 쓰러뜨려서

나를 기어이 땅바닥에 뒹굴게 한다
언제 어디에 있든
우리는 서로의 마음속까지도 안다
진정 사랑한다는 것은 이렇게
서로의 속까지도 환히
들여다볼 수 있어야 하는 것
나는 오늘도
은근한 사랑의 눈빛으로
그대의 몸과 마음을 들여다본다

당나귀
— 자전거 시편 10

누가 말했던가
사랑스런 말로 달려가면
어떤 길도 멀게 느껴지지 않는다고
나는 내 아끼는 당나귀로
지난 십년 세월에 지구절반을 달렸다

우리가 함께 헤매던
중국 땅 하이난을 당나귀로 달리다가
날이 저물었던 밤이 있었다
나는 당나귀의 온몸을 끌어안고
그에게 모든 걸 의지하며
겨우 길을 더듬어 돌아왔다
그로부터 당나귀는 나의 분신이다

깊은 밤이면
수도자처럼 무릎 꿇고 홀로 묵상에 잠기는
당나귀의 뒷등을 본다

그가 나에게 말을 걸어온다
참으로 많이 달렸지만
아직 나의 길은 만나지 못했어요
앞으로는 편한 지름길을 단호히 거부하세요
가파른 길은 제가
맨 앞에서 힘껏 열어나갈께요

사랑에 빠지다
― 자전거 시편 11

난 지금
사랑에 빠졌어요
나의 애인은 나풀거리는 연두빛 옷을 입고
신록의 숲을 살포시 걸어서
내 앞으로 다가왔어요
나는 그녀의 머릿결 냄새를 맡아보아요
방금 숲을 달려온 그녀의 몸에서는
초록빛 향기가 풍겨나는군요
나는 그녀의 포릇포릇한 볼에
가만히 입술을 갖다 대어요
그녀는 다소곳 고개를 숙이며 눈을 감아요
나는 그녀를 가슴에 안아봅니다
콩콩 뛰는 가슴은 어린 고라니처럼 팔딱거리는군요
나는 어여쁜 애인 손을 잡고
봄 들판을 마구 달려갑니다
부드러운 훈풍이 볼을 간질이고
꽃향기는 사운대며 달려와

가슴을 파고드는 군요
아름다운 봄날 우리 둘은
온종일 산과 들을 쏘다녔습니다
난 지금
사랑에 빠졌어요

제4부

모닥불

인도의 정월은
바람 끝이 매웁다

사람들은 나무토막과 삭정이 주워 와
모닥불 피워놓고 둘러선다

차츰 훈기 달아올라
둘러선 얼굴에 홍조 오르면

그제야 미소도 짓고
어디서 왔느냐며 소식도 묻는다

차는 떠나자고 경적 울리지만
남아있는 불 곁을 떠나고 싶지 않다

이제 막 친구가 된
인도 청년과 헤어지고 싶지 않다

아기 무덤

이른 아침
왕비의 화려한 무덤인
타지마할 옆
아카시아 울타리를 따라 이어져 있는
오솔길로 나는 들어갔다
마른 풀 돋아나 있고
군데군데 쇠똥이 깔린 길을
나뭇단 등에 진 여인들이
맨발로 걸어간다
그 마을 끝 언저리 길모퉁이
작은 흙무더기에
몇 개의 돌을 얹은
아기 무덤 하나
노루꼬리만큼 짧았던 이승의 시간
누운 자리를 가늠하는 사이
풀숲에 숨었던 어린 공작새 한 마리
화들짝 날아간다

통가라는 이름의 말 수레

자정이 넘어서
통가라는 이름의 말 수레를 타고
아그라를 떠난다
말은 밤공기가 청량한지
길바닥의 말굽소리도 또각또각
밤 산책을 나온
아그라 사람들
등불 켜놓은 야시장 과일가게 앞
두런거리는 말소리가
이 밤 유난히 정겹게 들리누나
밤이 깊어갈수록
안개도 짙어만 가는데
말은 마치 제 갈 길을 아는 선지자처럼
거침없이 안개 속을
달려간다

떠돌이 개

새벽기차를
기다리는 사람들로 가득 찬
역 대합실 바닥
개 한 마리 이리 저리
바쁜 걸음으로 돌아다닌다
한쪽 다리 없이 절뚝거리면서
대합실에서 폼으로
다시 폼에서 광장으로
하릴없이 기웃거리며 다닌다
기차 기다리기도 심심하여
나는 한참을 따라다녔다
인간의 생애도
무엇이 다를 것인가
공연히 바쁘게 다니다가
어딘가에서 홀로
쓸쓸히 떠나가는 것
대합실 바닥에 쭈그리고 있노라니

어디론가 총총
인파 속으로 사라지는
내 뒷모습이 보였다

화장터의 악사

화장터 부근에
허름한 창고 하나
구릿빛 얼굴의 중년과
소년처럼 해맑은 할아비가
북을 치는 한 사내와
하르모니움을 연주한다
망자의 넋을 위로하느라
둘러앉은 사람들
꿀꺽 침 넘기는 소리만 나던 밤
악사는 눈 지그시 감고
깊은 가슴 속에서
한없이 길어 올리는 우물처럼
음악을 연주하였다
그 자리에 망자들도 와서 앉았다가
음악을 듣고 갔다

  * 하르모니움 : 아코디언을 개조한 인도의 전통 악기.

천막집
― 불가촉천민 1

해 지는 저녁
길가 천막집에 홀로 앉은 한 사내

땀과 먼지에 전 봉두난발
사철 몸에 두른 단 한 벌의 누더기

하염없는 시간 속을
걷고 또 걸어온 갈라 터진 맨발

중심을 잃은 채
허공을 내다보는 퀭한 눈

또 다시 빈속으로 보내야 하는
기나긴 밤의 어둠

그의 전생
― 불가촉천민 2

그가 지은 밥도 더럽다고 한다

그가 걸어간 길도 더럽다고 한다

그와 말도 해서는 안 된다고 한다

그와 눈도 마주쳐선 안된다고 한다

그의 부근으로 다가가도

그의 더러움이 나에게 날아와 묻는다고 한다

마을로부터 멀리 떨어진 곳에

그들끼리 어울려 살아야 한다고 했다

이렇게 수천 년을 살아왔다고 했다

그의 전생은 벌레

그의 전생은 똥

그의 전생은 가래침

그의 전생은 허섭스레기

고단한 세상
— 불가촉천민 3

비 온들
고인 물 빠지지 않아
썩은 구정물 속
장구애비 꼬물거리고
나귀와 소 지나가다
구정물 튀기면 그대로 뒤집어쓰는 길가
종일 거리를 헤매다
지쳐서 돌아와
불도 없는 남루한 움막
맨흙바닥에 드러누워
흐릿한 눈으로 저물어가는 해를 바라보나니
지금 나에게 가장 부러운 것은
저 들판의 풀
훨훨 나는 한 마리 새
한바탕 불었다가 사라지는 바람결

말똥
— 불가촉천민 4

우리는 길바닥에서 태어났어요
개와 돼지가 그렇게 태어나듯
어떤 친구는 쓰레기장에서
태어난 놈도 있답니다
어미아비는
우리를 낳아놓기만 하고
그냥 어디론가 종일 떠돌아다니지요
학교란 먼발치서 구경만 하는 곳
그저 우리는 오리새끼처럼 몰려다니며
먹거리 찾아 기웃거린답니다
깨끗하게 차려입은 인간들
그들은 우리를 가장 싫어해요
지나가며 침을 뱉고
욕을 해대지요
우리는 돌멩이
골목에 굴러다니는 말똥

델리의 새벽

여관부근의 시장골목
질척이는 바닥에 가득한 쓰레기더미에서
썩은 채소를 뒤지는
떠돌이 소

새벽 찬 공기 속에
알전구 파들파들 떠는 노천식당
빵 찌는 큰 솥에서 물씬 뿜어져 나와
가게를 온통 가리는 김

이른 시간
가게에 나와 앉은
실 장사 부부의 하염없는 실 감기
멀고 아득한 생의 시간처럼
길고도 긴 실타래여

산문

가파른 시대에서의 시인적 삶과 역할

이동순

1

우리가 살아가는 현실은 그 어느 때건 풍파 격랑이 아닌 적이 없었다. 모든 현실은 과거에서 미래시간으로 이동해 가는 중간지점, 즉 과도기(過渡期)였고, 그 과도기는 항시 과거시간으로부터 물려받은 각종 모순과 부조리들로 말미암아 내적 갈등과 암투에 시달리던 모습이었다. 불투명한 미래시간은 불안과 부담으로 조심스럽게 우리에게 다가왔고, 현실의 잡답(雜踏)은 미래시간 속에서 늘 고통의 근원으로 작용했다.

문학평론가 염무웅 선생의 글 「역사의 격랑 속을 시인으로 살아가기―1923년 9월1일부터 1945년 2월16일까지」(《유심》, 2015년 4월호)는 관심 있는 독자들로 하여금 많은 것을 성찰하게 하였다. 이를테면 식민지시대의 시인들에게 과거시간은 무엇이었을까? 그들에게 당시의 현재성과 미래성은 어떤 파장(波長)과 빛깔로 다가왔을까? 그들이 겪었던 행복과 희망, 시련과 좌절은 무엇 때문이었을까? 그들은 이민족의 압제와 수탈을 어떻게 받아들이고 여과해갔던 것일까? 또 그들이 문학사에 끼친 허다한 문제점들이 오늘날까지 줄곧 이어지는 구체적 내용은 무엇일까? 대체로 이러한 의문의 화두(話頭)들이 글을 읽는 동안 줄기차게 꼬리를 물고 제기되었다. 염무웅 선생은 글 속에서 이상화, 김동환, 김소월, 정지용 등 네 시인을 주로 다루었다. 그 네 분들의 1923년 9월부터 해방되던 해 2월까지의 행적과 동선(動線)을 추적하면서 상이점과 공통점을 분석하고 해설하려는 시도를 보여주었다.

우리의 성급한 선입견으로는 이 네 분 중 먼저 세상을 떠난 김소월의 연령이 가장 선배일 것으로 판단하였고, 정지용이 맨 막내인 줄로만 알았다. 하지만 생몰연대를 각각 확인해본 결과 그들이 대개 1901년, 아니면 1902년 출생으로 사실상 동년배(同年輩)였다는 사실을 알게 되었다. 염 선생은 이상화(1901~1943)의 문학을 간략하게 정리하면서 몇 가지의 대표작, 혹은 문제작을 산출하였지만 일찌감치

문단일선에서 물러나 창작인의 길을 접었다는 평가를 하였다. 뿐만 아니라 작품의 수준과 완성도 및 됨됨이도 편차가 매우 심하게 나타나고 있다는 비판적 코멘트를 하고 있다. 김동환(1901~?)은 민요에 대한 애착과 탐구활동을 비롯하여 건강한 사회의식도 한때 가졌으나 일제말 출판인으로 길을 바꾼 뒤 자신의 고유성을 지키지 못하고 결국 덧없는 황민문학의 길을 선택하고 말았다는 평을 한다. 김소월(1902~1934)은 그야말로 천재시인으로서의 면모를 유감없이 나타내 보였으나 마치 잠시 피어오른 성냥불처럼 찬란한 광채를 피워 올리다가 20대 중반을 넘기면서 창조의 급격한 내리막길을 걸었다고 아쉬움을 표시한다. 이에 반하여 정지용(1902~1950)은 이 앞의 세 분들보다 가장 늦게 문단에 나왔으나, 지속적인 실험과 작업으로 한국 시의 새로운 표준을 만들어내는 일정한 성과에 도달했다고 평가한다. 그런데 이 네 분의 생애는 1923년 일본의 간토지방을 강타했던 관동대지진 체험과 그 아비규환의 격동을 배경으로 한다. 그 격동의 와중에서 한국인에 대한 일본극우파들의 계획적 살육이 대량으로 자행되었음에도 불구하고 이를 지켜본 시인으로서의 정직한 수용흔적이나 반영이 작품에 전혀 나타나지 않은 것은 참으로 아쉽고 허전하다는 소감을 피력하였다. 물론 김동환의 경우는 예외로 서사시 「승천하는 청춘」에서 관동대지진을 배경으로 설정하고 있다. 정지용의 해설에서는 '내적 망명'이란 흥미로운 비평적 풀이가 인상적으로 다가왔다.

우리가 그동안 한국 현대문학사를 공부해왔지만 가장 안타깝고 비통하기 짝이 없었던 것은 1910년의 국권패망, 1919년의 기미년 3·1독립투쟁과 같은 전민족적 비극과 고통, 신음과 절규의 소용돌이를 진지하게 담아낸 문학을 전혀 찾아볼 수 없었다는 점이다. 해방정국과 6.25전쟁과 같은 험난한 시대의 파란(波瀾)을 겪으면서도 우리 시인들은 현실의 정황을 객관적으로 솔직하게 담아낸 위대한 문학작품을 산출해내는 일에 실패하였다.

격동기의 험난한 역사현실을 살아가면서 시인의 삶은 어떤 모습을 보여야 하는가? 시인에게 주어진 역할은 과연 무엇인가? 이러한 화두에 대하여 우리가 새삼스럽게 반문하게 되는 것은 비단 작금(昨今)의 일만은 아닐 것이다. 시인은 누구인가? 시인은 어떤 기질을 가진 사람인가? 그들은 보편적 일상적 인간들과 어떻게 다른가? 혹은 달라야 하는가? 여러 자료에 나타난 해설을 살펴보면 시인적 기질이란 흔히 지적 사색적 음유적(吟遊的) 특성을 삶에서 외부로 표출되는 성격이나 동작으로 나타내면서 그 특성 자체가 다분히 풍류적(風流的)이며 자유분방성을 지니고 있는 사람들의 품성을 일컫는 말이다. 그러므로 시인적 기질은 주변의 평가와 시각을 전혀 의식하지 않고 충동에 따라 행동하는 낭만적 기분파라고도 할 수 있겠다. 이러한 태도가 때로는 오불관언(吾不關焉)이라는 부정적 관점으로 평가될 수도 있으리라.

동서고금의 역사 속에 나타난 시인의 모습은 어떠한가?

플라톤(Plátôn)은 가슴에 사랑을 담고 있을 때 인간은 누구나 시인이 된다고 하였다. 이 말을 반추해보면 시인의 가슴속에는 언제나 존재에 대한 무궁한 사랑으로 넘실거려야 한다는 말로도 읽힌다. 또한 가슴에 사랑이 들어 있지 않은 사람은 결코 시를 쓸 수 없다는 말과도 같다. 아이헨도르프(Eichendorff)는 시인이야말로 세계의 눈이라 하였다. 시인의 작품을 통해서 세계를 조망할 수 있다는 말과도 동일하니 시 작품은 과연 사물과 세계를 광범하게 인식하는 수단임에 틀림없다. 셸리(Shelley)는 시인이야말로 알려지지 않은 세계의 입법자(立法者)라고 하였으니 시인이 써내려가는 작품에서 인간사회의 진정한 삶의 규범, 심오한 사단칠정(四端七情)을 읽어낼 수 있다는 말로 비치기도 한다. 철학자 키르케고르(Kierkegaard)는 시인이란 존재를 한 마디로 불행한 인간이라 하였다. 하지만 그 불행한 시인은 남모르는 고뇌에 시달리면서 그의 탄식과 비명이 아름다운 음악으로 바뀌게끔 된 특별한 입술을 가진 사람이라 설파함으로써 시인의 기능적 특수성을 인정하였다.

시인의 능력 중 투철한 관찰버릇에 주목했던 스티븐스

(Stephens)의 견해도 있었고, 시인을 나라의 영혼이라며 영예와 찬사를 붙여준 작가 그레이엄 그린(Graham Greene)의 경우도 있었다. 문학비평가 리처즈(I.A.Richards)는 시인이야말로 경험 그 자체의 지배자이므로 그는 곧 언어의 지배자이기도 하다는 흥미로운 말을 하고 있다. 그는 시인의 능력에 찬사를 보내며 자신의 경험과 타자의 경험까지도 시적 언어로 정리해낼 수 있는 시인의 권능을 높이 평가하였다. 헤르만 헤세(Hermann Hesse) 같은 작가는 주로 시인의 기질적 측면을 다루고 있다. 시인은 항시 슬프고 고독한 사람이지만 그의 작품은 신(神)과 별의 명랑성에 크게 힘을 입고 있다는 영예와 찬사를 퍼부었다.

과연 우리 주변에는 재능 있는 칠보재(七步才)가 많이 있다. 이 칠보재란 불과 일곱 걸음을 걸어가는 동안에 곧바로 완성된 시를 지어내는 재주를 가리키는 말이니, 곧 시재(詩才)와 문재(文才)에 뛰어난 시인적 인간을 가리키는 말이다. 그러나 손끝, 머리끝으로 부리는 말초적 재주에만 능숙하고, 동시대를 함께 살아가는 사람들의 삶에 전혀 눈길을 주지 아니하는 시인을 어찌 시인이라 부를 수 있을 것인가?

2

일찍이 시인이 되려는 뜻을 품었던 문학청년들의 상당수는 대학의 국문학과나 문예창작과로 진학하였다. 하지만 그것은 그리 바람직한 방법이나 선택은 아니었다. 국문과나 문창과 체험은 글쓰기를 위한 다소의 세련된 기술과 솜씨를 연마하는 데는 약간의 도움을 줄 수 있었을지 모르지만 삶의 치열함, 인간과 사회의 관계성 및 그 구체적 작용에 대해서는 이해의 폭이 대체로 얕았다. 오히려 사회과학이나 자연과학을 전공했던 사람들이 존재와 사물에 대한 인식의 깊이와 넓이에 있어서 더욱 두터운 편이었다.

1970, 80년대를 거치면서 특별한 직업을 가진 사람들이 시작품을 써서 시집을 내고 시인이 되는 경우가 생겨나기 시작했다. 노동자시인으로 불렸던 박노해를 비롯한 일군의 노동자 그룹 시인들, 건설현장에서 철근공으로 일하던 김해화 시인 등의 경우는 매우 특수한 경우였다. 필자가 만났던 시인들 가운데는 약사, 교사, 기자, 프로듀서, 경찰관, 공무원, 폐기물처리업자, 농민, 사업가, 재래시장의 상인, 학원 강사, 화가, 의사, 철물점, 한약건재상, 찻집운영자, 주점운영자, 자영업자 등으로 활동하면서 틈틈이 시를 쓰고, 더러는 동인 활동(同人活動)도 하며 시집을 발간하는 경우가 있었다. 국문과나 문창과 출신의 시인보다도 실업

계에 종사하는 시인들의 작품이 오히려 삶의 깊이와 통찰에 있어서 한결 두께가 느껴지고 다양성을 보여주는 사례가 많았다.

시인이 되기 위해서 반드시 거쳐야 하는 어떤 필수적인 경로나 과정이 별도로 있는 것은 결코 아니다. 만약 그러한 경로나 과정이 있다면 그것은 무엇보다도 철저한 인간 수업(人間修業)이 아닐까 한다. 삶에 대한 깊은 성찰과 생의 온갖 변고(變故) 및 우여곡절(迂餘曲折)을 겪고 시달리면서 자신에게 다가온 시련을 차분히 극복해온 체험을 가진 사람들만이 좋은 시를 쓸 수 있는 유리한 바탕이나 환경을 가졌다. 그만큼 온실식물로만 살아온 나약하고 소극적인 인간에게서 좋은 시 작품의 산출을 바라는 것은 무리한 일일 것이다. 그런 점에서 본다면 진작 김수영 시인이 자신의 격렬한 평론 「시여 침을 뱉어라!」에서 시는 손끝이나 머리로만 쓰는 것이 아니라 온몸으로 밀어붙여야 한다고 설파했던 그 '온몸의 시학'이 강렬하게 내뿜는 진정성을 충분히 짐작할 만하다.

시인은 과연 어떤 삶을 살아야 하는가?

우리 문학사의 내부에서 그 이름도 친숙한 여러 시인들의 생애를 두루 소략하게나마 통섭(通涉)해보기로 하자. 육당 최남선, 그는 희대의 사학자이자 고전연구가로 신시운동에서도 활발한 활동을 펼쳤다. 그러나 그의 발자취와 행적에 스며들어 있는 민족적 열등감과 제국주의자들에게 수용적 자세를 보였던 점은 지울 수 없는 얼룩이자 아픔으로 남아있다. 일제침략자들이 식민지 수탈도구로 만들었던 경부선 철도개통식장에 「경부철도가(京釜鐵道歌)」를 헌정했던 몰역사적이고도 치명적인 과오는 아직도 가슴이 쓰리다. 춘원 이광수는 한때 한국의 톨스토이로까지 불렸다. 하지만 그것은 터무니없는 찬사(讚辭)에 불과하였다. 그의 영혼이 지녔던 무게감은 중국 상해임시정부의 기관지로 발간되던 〈독립신문〉의 주필 직을 내팽개치고 은밀하게 식민지조선으로 투항해 돌아온 그 순간부터 이미 정신적 몰락과 해체의 길을 걸었는지도 모른다. 자유시의 실천가로 알려진 주요한의 경우도 춘원의 경로와 별반 다를 바 없었으리라. 송아 주요한도 식민지 체제의 제도권 내부로 투항해 들어와서 일제말까지 아유형(阿諛型) 삶을 살아가다가 분단 이후 문단을 아주 떠나서 경제인으로 변신하였다. 이런 점에서 육당, 춘원, 송아 등은 결코 민족의 선각자로 호칭될 수 없다.

　김소월, 정지용, 백석의 경우는 아무리 강조하고 음미해도 여전히 신선하고 충격적이다. 세 분이 모두 일본유학을 통해 이른바 첨단적 문학의 지식과 교양을 경험하고 식민지 조선으로 돌아와서 남들이 전혀 주목하지 않았던 민족의 전통과 고전, 혹은 방언 속으로 깊이 침잠해 들어갔다.

그들이 단지 서양문학의 흉내 내기로 머물고 말았다면 한 사람의 어설픈 에피고넨(epigonen)에 지나지 않았을 것이다. 그러나 명석한 그들은 우리만의 고유성에 착안하고, 거기에 주력하여 놀라운 시적 성과를 이룩하였다. 날이 갈수록 특별한 주목을 끌고 있는 평론 「시혼(詩魂)」을 통해 시인정신의 고유성과 집중적 사유의 습관을 남달리 강조했던 김소월의 시정신은 전통적 서정시를 존중하는 후대 시인들에게 전승되는 듯했으나, 미숙한 후배들은 소월이 구축해놓은 성채(城砦)를 결코 뛰어넘지 못하였다. 정지용의 담백하고 단아한 고전 지향적(古典指向的) 시정신은 청록파의 조지훈, 박목월, 박두진을 비롯하여 이한직, 김종한 등의 《문장(文章)》지 출신 시인들이 그 명맥을 이어갔다. 박남수도 애당초 정지용의 영향권 속에서 출발하였으나 시간이 경과할수록 김기림적인 요소와 결합된 양상으로 변모되었다. 후대시인 박용래의 시 작품이 나타내 보였던 한국적 서정의 간결함과 따뜻한 정겨움의 미학도 정지용의 시정신에서 그 뿌리의 한 갈래를 발견할 수 있을 듯하다. 정지용의 언어적 절제와 고전 회귀(古典回歸)에 대하여 염무웅은 식민치하에서의 '내적 망명'이란 홍미로운 해설로 풀어가고 있다.

백석의 시정신과 맥락을 함께 하면서 사회학적 상상력을 동시에 결합시키려 노력했던 시인으로 우리는 신석정을 들 수 있다. 『촛불』, 『슬픈 목가』, 『빙하』 등의 시집을 통하여 한없이 관조적이며 아늑한 모성의 품을 떠올리게 했던 그는 해방정국의 변혁기에서 모순현실을 향한 강한 비판적 의지를 시 작품에 담아냄으로써 한때 놀라운 변화의 자세를 나타내 보였다. 여성시인 노천명은 사슴 이미지의 시인으로 알려져 있으나 이것은 사실상 그녀가 흠모했던 백석 시인에 대한 다함없는 수용적 표현이다. 백석에 대한 사랑을 일방적으로 가졌으나 백석은 오히려 노천명에게 냉담하였고, 이에 실망한 노천명은 사회주의 경제학자 김광진을 사랑하게 되었는데 김광진 또한 평양기생출신 가수 왕수복에게 떠나버렸다. 이에 대한 절망이 뭇 남성에 대한 불신으로 이어지고, 결국 독신주의와 자기유폐, 혹은 고립주의적 삶으로 나타났다. 미국의 여성 시인 에밀리 디킨슨(Emily Dickinson)의 고립적 생애와도 흥미로운 비교를 해볼 수 있으리라. 노천명이 일제말에 선택했던 무모한 친일행각과 한국전쟁 시기 적(敵) 치하에서의 부역행위 따위는 중심적 가치관의 해체, 혹은 붕괴와 무관하지 않을 것이다.

　백석의 시정신은 윤동주와 박목월 등의 후대시인들에게 깊은 감명을 주었다. 윤동주는 일본 유학시절, 백석의 시집을 연필로 자주 필사하면서 자신의 창작의욕과 습관의 유지에 스스로 자극을 주었다고 한다. 그러므로 우리는 윤동주의 시 작품에 구체적 영향을 주었던 백석 문학의 요소를 찾아서 분석할 필요가 있을 것이다. 백석의 시작품은 분단으로 말미암아 금단(禁斷)의 공간에서 오랫동안 빛을 보지 못하다가 1987년 필자가 최초로 발간했던 『백석시전집』(창작과비평사)의 발간으로 이후 자연스럽게 문학사에 복원되었다. 백석은 현재 후배시인들이 가장 사랑하고 탐독하는 행복한 선배시인의 반열(班列)에 올랐다. 분단시대 한국문학사에서 백석의 시정신은 신경림, 이시영, 안도현 등으로 이어져 강하게 살아 꿈틀거리는 민족문학의 커다란 줄기로 자리를 잡았다.

안서 김억의 경우는 외형률이 표면에 정제된 상태로 드러나는 민요시와 한시의 번역에 힘을 쏟는가 하더니 오히려 서양 시에 경도하는 관점으로 기울다가 홀연 교직(敎職)을 떠나 식민지의 방송계로 전업하였다. 김영랑은 시의 음률감각을 최대한 중시한다는 시문학 동인의 선언을 발표한 뒤로 작품의 외연(外延)에만 시선을 집중하고 거기에 담아낼 내포(內包)에 대해서는 별반 중시하지 않았던 느낌이 짙다. 기질적으로는 누구보다도 시인스러운(?) 삶을 살았던 공초 오상순은 영원히 그 판독(判讀)이 불가해한 허무와 방랑의 늪에 빠져서 허우적거리다가 결국 자신의 삶과 문학을 함께 구원해내지 못한 채 침몰하고 말았다. 수주 변영로는 다소 경직된 민족의식을 담아내려 하였으나 언어의 세련미와 방법론이 현저히 떨어지는 시 작품으로 독자의 광범한 공감을 얻지 못하였다. 상아탑 황석우는 일본식 현대시의 스타일에 깊이 경도되었던 흔적이 있었고, 심지어 정치적 아나키즘론을 시 창작에 접목해서 실천하려 했던 시도를 보였다. 그러나 그가 현대시에서 구사하는 문체들은 자연스러운 언문일치(言文一致)에 도달하지 못하였고, 여기에다 생경한 일본식 한자어 남용까지 보태어져 독자들과 부드러운 융합(融合)을 이끌어내지 못하였다. 초몽 남궁벽은 1920년대 한 줄기 섬광과도 같은 영혼의 정기(精氣)를 나타내 보였으나 일찍 요절(夭折)하는 바람에 곧바로 사람들의 기억에서 잊혔다. 잡지《별건곤(別乾坤)》에 발표했던 인상적인 평론「조선은 메나리 나라」를 통해서 자주적 민요시의 성채를 구축하려 했던 노작 홍사용은 뜻은 비록 고매하였으나 구체적 작품으로 그 비평적 기획을 실현하지 못하는 자가당착(自家撞着)을 드러내고 말았다. 자유시의 선구자였던 미국의 시인 월트 휘트먼(Walt Whitman)을 식민지시단에 소개함으로써 시와 자유의 새로운 관계성을 설파하고 계몽하려 했던 석송 김형원도 휘트먼의 일시적 흉내 내기 수준에 머물렀다.

일찍이 사회주의적 신념을 굳건하게 지니고 일본으로 건너가서 좌충우돌 산전수전을 겪으며 시와 혁명을 꿈꾸었던 시인 임화는 비록 일본 프롤레타리아문학론의 깊은 영향 속에서 내적 성장을 이루었으나 해방정국의 대파란 속에서 격랑속의 물거품처럼 덧없이 사라지고 말았다. 그가 일본에서 탐독했던 사카이 도시히코(堺利彦), 고토쿠 슈스이(幸德秋水), 니시카와 고우지로(西川光二郎), 기노시타 나오에(木下尙江) 등 좌파사상가나 문학인들의 작품과 산문들은 식민지조선의 좌파시인 임화로 하여금 엄청난 충격과 새로운 세계에 대한 개안(開眼)을 경험하게 해주었다. 그리고 시의 대중화, 문학의 혁명화를 꿈꾸었던 임화의 지향은 동시대와 후대의 여러 시인들에게 깊은 영향과 자극으로 이어졌다. 임화의 시정신이 실천적으로 반영된 울림과 파장을 우리는 이용악, 이찬, 오장환, 박아지, 설정식, 김상훈, 이병철, 유진오, 신동엽, 김지하, 김남주 등의 문학작품에서 다양한 변용의 양상으로 찾아볼 수 있다. 1970년대의 김지하 시인은 청년기 특유의 번뜩이는 예지와 비판적 통찰로 독재시대 위정자들의 간담을 서늘하게 하고 모든 문청들의 흠모와 존경을 한 몸에 받았다. 그의 이름은 문학사에서 신화가 되는 듯이 여겨졌으나 근년에 접어들면서 작가정신의 집중과 일관성을 지키지 못한 지리멸렬한 모습으로 다수의 독자들에게 실망과 허탈감을 안겨주었다. 식민지의 상공을 산제비처럼 솟구쳐 오른 한 사회주의자의 날카로운 눈으로 지상의 모든 생명들을 쏘아보면서 선과 악을 식별해내려 했던 박세영은 초기의 선명성과 강렬함을 잃어버린 채 어설픈 교조주의자(敎條主義者)로 전락하고 말았다. 조벽암, 권환의 경우도 박세영의 경우와 유사한 경로를 밟았을 뿐이었다. 포석 조명희의 조카였던 조벽암은 월북 이후의 지리멸렬한 삶으로, 권환은 고향인 경남 창원에서 결핵과 가난으로 초라하고도 비극적 종말을 맞고 말았다. 분량으로는 적지 않은 작품을 산출해내었으나 오늘날 그들의 대표작으로 기억되는 것이 과연 무엇인가?

시와 평론 두 장르를 오가며 식민지조선의 문학에 새로운 생명을 불어넣으려 했던 용아 박용철은 역시 요절로 미완의 시간 속에 머물고 말았다. 윤곤강은 일본유학과 카프(KAPF)의 체험을 두루 거쳤으나 정작 본인 자신의 치열성과 재능부족, 정신분열 등으로 결국 소극적 수준에 고정되었을 뿐이다.

모더니스트로 출발하여 초기엔 난삽한 시 쓰기로 일관하던 이산 김광섭은 해방 이후 현실정치에도 다소 관여했지만 곧 절망하고 만년에는 극기(克己)의 시 창작을 통한 정신적 완성과 올곧은 높이에 도달하려 하였다. 시집 『성북동 비둘기』에는 당시 격렬한 고투의 과정이 잘 나타나 있다. 편석촌 김기림은 자타가 공인하는 1930년대 모더니스트로서 따분하고 식상한 1920년대의 낭만적 기류에 일대변혁을 이루어보려는 뜻을 품었으나, 자신이 추구했던 모더니즘이 청년기의 과도한 치기(稚氣)와 경박성으로 흘러버려 신뢰와 중량감을 상실하고 말았다. 하지만 해방시기 시집 『새 노래』를 통해서 나타내 보인 자기극복, 자기변혁을 위한 안간힘은 별항(別項)의 논의로 주목하고 높이 평가해야만 할 것이다. 시단의 새로운 변혁을 꿈꾸던 김기림의 기획과 열망은 제자 김규동에게 이어져 일정한 성과를 이룩하였다. 김규동 역시 스승 김기림과 유사한 경로를 보여주면서 자신의 모더니즘을 사회의식, 역사의식과 결합한 결과물로 정신적 전통을 계승하려 하였다. 우두 김광균도 김기림의 촉망받는 후배 모더니스트로 한때 주목을 받았으나 김기림의 야심 찬 기획을 더 이상 진전시키지 못하고 개인주의적 취향으로 온건하게 머물러 있다가 급격한 퇴조를 보였다. 그는 실업계의 회장으로 진작 문단의 자리를 이탈하였고, 단지 그의 모더니즘이 고급한 취미와 회고의 대상으로만 기억될 뿐이었다.

시인 이상의 경우는 분명 한마디로 규정하기 어려운 다양한 요소를 광범하게 지니고 있다. 그러나 이상이 남긴 전체 문학작품의 절반 이상이 애당초 일본어로 집필된 형태였고, 그의 전집을 발간할 때 이를 국문으로 번역하여 수록한 것이라 하니, 그의 시작품은 당시 일본 시단의 강력한 영향권 속에서 빚어진 식민지 문학청년의 불행했던 정신적 편력이자 그 부산물(副産物)이었던 것이다. 하지만 좌충우돌(左衝右突)하고 동정서벌(東征西伐)하려는 이상의 자유분방함과 광기 어린 걸음걸이는 당시 아무도 흉내 낼 수 없는 괴기적이고도 독보적인 스타일이었다.

미당 서정주는 《시인부락(詩人部落)》 시절부터 원시적 감수성과 생명력이 약동하는 육감적 표현으로 주목을 끌었으나 일제말 그의 훼절(毁節)은 시인의 개인사 전체에 커다란 얼룩과 상처를 남기고 말았다. 시 장르만이 아니라 소설, 수필, 희곡 등으로 군국주의를 미화하는 작품을 선도적으로 제작하여 발표한 그의 발자취는 그가 이룩한 상당한 시인적 성취마저 퇴색시키는 자해(自害)의 뼈아픈 결과가 되고 말았다. 미당의 시인적 감성을 사랑하고 아끼는 일군(一群)의 후배시인들은 그의 문학과 친일행위를 구분해야 한다고 주장하지만 그것은 억지요, 어불성설이 아닐 수 없다. 미당의 당시 가치관과 판단, 선택의 자세를 구체적으로 검증하게 해주는 그토록 중요한 자료를 미당의 생애에서 어떻게 외면하고 무시할 수가 있다는 말인가? 미당 문하의 고은은 해방 및 전쟁시기에서 미당 문학이 나타내 보였던 사회학적 담론의 가능성을 그나마 일정하게 만회하고 충족시키려 하였다. 스승에 대한 남다른 애정 때문에 미당에 대한 비판을 그토록 신랄하게 시도했던 건지도 모른다. 그는 독재시대 민족문학의 튼실한 주자(走者)로 앞장서서 횃불을 들고 시대의 어둠을 밝히려 고군분투하였다. 고은도 처음에는 모더니즘적 창작방법으로 문학을 시작하였으나 1970년대 중반부터 역사주의적 가치를 중시하는 창작방법론으로 방향을 바꾸어 자신의 치열한 문학정신을 이끌어 갔다.

청마 유치환은 생명파 시인이란 분류로 문학사에서 과대평가된 측면이 있다. 시어의 선택과 구사에서 다분히 현학적이고 문어체적인 한자어투를 고집하고 선호하던 그의 작품은 독자대중들에게 그리 수월한 이해와 공감으로 다가가지 못하였다. 뿐만 아니라 청마는 일제말 만주에서 거대농장을 운영하던 자신의 맏형 동랑 유치진에게 몸을 의탁하여 농장관리에 힘쓰는 한편 일제의 괴뢰정권인 만주제국의 수도 신징(新京)에서 발간되던 친일계열의 신문 〈만선일보(滿鮮日報)〉에 여러 편의 시작품을 발표했다. 우리는 그 작품들을 통하여 당시 청마가 자신의 삶과 가치관의 중심을 어떤 방향성으로 펼쳐가고 있었던가를 구체적으로 읽어낼 수 있다. 그리하여 우리의 문학사는 청마 문학에 대한 틀에 박힌 찬사와 고정관념으로부터 벗어날 필요가 있다.

이육사는 우리의 민족문학사 전체에서 문학과 행동의 상호 거리를 최대의 근사치(近似値)로 접근시킨 거의 유일한 시인이었다. 민족운동가로 항일투쟁의 선봉에 서서 테러의 계획과 실천에 참여하고 이를 직접 행동에 옮기려 했던 극히 드문 시인이었다. 하지만 민족 저항 시인으로만 알려져 있는 그의 문학세계가 함유하고 있는 엄정하고도 부드러운 내적 울림에 우리는 주목해야만 한다. 초허 김동명은 기독교정신의 고결함을 그의 시정신에 담아내려 애를 썼고, 때로는 사회의 각종 모순과 부조리에도 불편한 심기(心氣)를 나타내 보였다. 이에 반하여 김현승은 오로지 기독교정신의 철저한 인식을 바탕으로 시정신을 최고의 신앙적 경지로까지 승화시키려는 고독한 선지자(先知者)로서의 노력에 힘을 기울였다. 이와 더불어 신석초의 시 작품이 보여준 자기완성을 향한 불타는 갈망과 내적 치열성은 음미하면 할수록 깊은 감명으로 다가온다. 세계적인 작곡가 윤이상과 시인 신석초 두 사람의 특별히 깊었던 우정과 남다른 교분도 예술혼(藝術魂)의 공감과 이해에서 만나고 결합된 것으로 짐작이 된다.

월파 김상용의 시는 뚜렷한 개성의 구축에 대체로 실패하였다. 청년기를 벗어나서도 습작시대의 과도한 신중함과 소심한 습관을 극복하지 못하고 굴곡이 거의 없는 평면적 삶을 살다가 문학사에 굵은 발자취를 남기지 못하였다. 영운 모윤숙은 자신의 빈약한 문학적 성과에 비해 필요이상의 과분한 평가를 받고 있다. 여성으로서 대상을 향한 주저하지 않는 분방함과 기질적 적극성이 오히려 일제말 극단적 친일행각과 결합이 되고, 이것은 결국 자기붕괴로 함

몰되어 문학사적 평가 이전의 상태로 정신적 파탄과 해체의 늪에 빠져들고 말았다. 그의 기회주의적 처신은 분단이후에도 계속되어 3·1문화상을 최소한의 분별과 반성조차 없이 당당하게 수상하는 후안무치(厚顔無恥)를 나타내 보였다.

김수영과 김춘수의 경우는 1960년대 이래로 순수시와 참여시의 양대 산맥인 것처럼 과장되게 선전과 광고가 되었다. 이 둘의 대비는 얼핏 매력적인 구도로 여겨질 수 있으나 그들은 사실상 애당초 비교의 대상이 될 수 없는 수준이었다. 대여 김춘수는 초기 시에 의미의 순조로운 체계로 판독이 되는 해맑은 순수시를 쓰다가 60년대 후반으로 접어들면서 서구의 다양한 창작스타일 가운데서 도입한 무의미시론을 마치 자신의 고유 창작방법론인 듯 주창하면서 당시 청년기 문학인들의 매력과 선망을 한 몸에 받았다. 그러나 그의 무의미시론에 대하여 가차 없는 반박과 비판을 날려 보낸 한 시인이 있었으니 그가 바로 김수영이다. 김수영은 김춘수 무의미시론이 지니는 비겁성과 소극성에 대하여 강하게 몰아세운다. "김춘수는 시의 문전(門前)에서 미리 의미를 포기하고 시의 내부로 조심스럽게 들어가려 한다. 진정한 시인은 그가 힘들어하는 의미를 시의 내부로 과감하게 이끌고 들어가 오히려 악전고투의 과정을 치열하게 겪으면서 그 의미를 구출시켜야 마땅하지 않는가"

라고 설파하였다. 김수영의 모더니즘은 해방시기 김기림을 연상케 한다. 김기림이 자신의 종래 모더니즘을 반성하면서 역사주의를 모더니즘과 결합하는 방법으로 과거의 치기와 문제점을 벗어나려 했던 그 격렬한 태도를 김수영에게서 온전히 발견하게 된다. 1960년대 초반, 4.19를 전후해서 발표했던 김수영 시작품의 치열성과 내적 고투는 깊은 감동의 울림으로 민족문학사에 오래도록 살아있을 것이다.

김수영이 비판했던 김춘수는 결국 전두환 독재정권의 출발과 유지를 위해 봉사하다가 마침내 초라한 모습으로 무대에서 퇴장하였다. 그는 자신의 그러한 행동과 선택을 프랑스의 작가 앙드레 말로Andre Malraux의 현실참여에 비견하기도 하였다. 후대의 정진규, 이승훈 등이 김춘수 창작 스타일의 계승자로 거론되고 있다. 박인환의 경우는 특이하다. 그의 문학을 스노비즘(snobism), 즉 속물근성(俗物根性)의 산물로 규정하는 따가운 비평적 시각이 제기되기도 했으나 전쟁 시기에 발표된 그의 시 작품을 정독해보면 눈물과 아픔, 한 인간의 고독과 고뇌가 지닌 따뜻함과 치열성이 발견되기도 한다. 하지만 그것이 일관된 흐름이나 시적 집중력으로 자리를 잡지 못하고 순간적 일시적 관심에 머무른 것은 하나의 아쉬움이자 허전함이라 할 수 있다.

3

 우리가 살아가는 현실은 언제 어느 때이건 항시 과도기이다. 전술(前述)한 바와 같이 어제라는 과거시간에서 내일이라는 미래시간으로 이동해 가는 중간지점이 바로 오늘이기 때문이다. 그 '오늘'이라는 과도기는 항시 엄청난 갈등과 모순, 각종 부조리로 넘실거린다. 분단으로 끊임없이 빚어지는 총체적 모순, 핵 확산(核 擴散)의 위기, 부정과 부패의 만연, 사회의 양극화, 거대소비, 지역갈등, 환경과 생태의 오염, 인권유린, 각종 범죄의 증가 등의 부조리는 급속하고도 가파른 양상으로 확장되어서 나타난다. 우리는 이러한 총체적 위기의 현실을 '가파른 시대'로 부르고자 한다. 또 다른 측면에서 과도기는 이 가파른 양상과 동시에 막연하고도 맹목적인 희망과 발전에 대한 기대, 획기적 변모에 대한 갈망 따위의 파장을 희미하게나마 머금고 있다. 가파른 위기의 시대에서 진정한 시인 및 예술가의 삶이란 이러한 현실의 내부가 보여주는 양면성을 샅샅이 관류하고 통찰해서 과거로부터 줄곧 배달되어온 봉건성, 전근대성 등 일체의 부정적인 것들로부터 벗어나려고 궁리하며 안간힘을 쓴다. 동시에 전위적인 방법론을 찾아내고 새로운 형식을 창조해내기 위해 부단한 노력을 펼쳐가라고 설파하였다. 김수영의 모더니즘은 해방시기 김기림을 연상케 한다. 김기림이 자신의 종래 모더니즘을 반성하면서 역사주의를 모더니즘과 결합하는 방법으로 과거의 치기와 문제점을 벗어나려 했던 그 격렬한 태도를 김수영에게서 온전히 발견하게 된다. 1960년대 초반, 4.19를 전후해서 발표했던 김수영 시작품의 치열성과 내적 고투는 깊은 감동의 울림으로 민족문학사에 오래도록 살아있을 것이다.

김수영이 비판했던 김춘수는 결국 전두환 독재정권의 출발과 유지를 위해 봉사하다가 마침내 초라한 모습으로 무대에서 퇴장하였다. 그는 자신의 그러한 행동과 선택을 프랑스의 작가 앙드레 말로Andre Malraux의 현실참여에 비견하기도 하였다. 후대의 정진규, 이승훈 등이 김춘수 창작 스타일의 계승자로 거론되고 있다. 박인환의 경우는 특이하다. 그의 문학을 스노비즘(snobism), 즉 속물근성(俗物根性)의 산물로 규정하는 따가운 비평적 시각이 제기되기도 했으나 전쟁 시기에 발표된 그의 시 작품을 성독해 보면 눈물과 아픔, 한 인간의 고독과 고뇌가 지닌 따뜻함과 치열성이 발견되기도 한다. 하지만 그것이 일관된 흐름이나 시적 집중력으로 자리를 잡지 못하고 순간적 일시적 관심에 머무른 것은 하나의 아쉬움이자 허전함이라 할 수 있다.

3

 우리가 살아가는 현실은 언제 어느 때이건 항시 과도기이다. 전술(前述)한 바와 같이 어제라는 과거시간에서 내일이라는 미래시간으로 이동해 가는 중간지점이 바로 오늘이기 때문이다. 그 '오늘'이라는 과도기는 항시 엄청난 갈등과 모순, 각종 부조리로 넘실거린다. 분단으로 끊임없이 빚어지는 총체적 모순, 핵 확산(核 擴散)의 위기, 부정과 부패의 만연, 사회의 양극화, 거대소비, 지역갈등, 환경과 생태의 오염, 인권유린, 각종 범죄의 증가 등의 부조리는 급속하고도 가파른 양상으로 확장되어서 나타난다. 우리는 이러한 총체적 위기의 현실을 '가파른 시대'로 부르고자 한다. 또 다른 측면에서 과도기는 이 가파른 양상과 동시에 막연하고도 맹목적인 희망과 발전에 대한 기대, 획기적 변모에 대한 갈망 따위의 파장을 희미하게나마 머금고 있다. 가파른 위기의 시대에서 진정한 시인 및 예술가의 삶이란 이러한 현실의 내부가 보여주는 양면성을 샅샅이 관류하고 통찰해서 과거로부터 줄곧 배달되어온 봉건성, 전근대성 등 일체의 부정적인 것들로부터 벗어나려고 궁리하며 안간힘을 쓴다. 동시에 전위적인 방법론을 찾아내고 새로운 형식을 창조해내기 위해 부단한 노력을 펼쳐가는 것이다.

　우리는 앞에서 한국문학사의 여러 시대에 나타난 시인들의 삶과 문학적 성과에 대하여 거칠게 살펴보았다. 자신만의 독자적 문학세계의 구축을 위해 부단한 자기투쟁과 극기(克己)를 지속해온 시인들이 있었는가 하면 나태와 방관, 소홀과 경박성으로 말미암아 잠시 존재의 음영만 비치다가 곧 역사의 뒤안길로 덧없이 사라진 시인들도 부지기수였다. 아마도 후자 쪽이 훨씬 더 많았던 것으로 보인다. 상대적 박탈감과 경제적 빈곤, 그로 인한 각종 만성질환, 개인적 존엄성이 현저히 망실(亡失)되어가던 위기 속에서도 끝내 굴복하지 않고 자기세계의 창조를 위해 열정적 삶을 살아갔던 참된 시인들에게 뒤늦게나마 박수를 보내고자 한다.

　이제 우리는 시대의 가파른 현실이라는 몹시 불안정한 시간과 공간을 살아가면서 시인의 삶이 과연 어떠한 자세와 태도를 선택하고 실천하는 모습이어야 할지 사려 깊은 성찰과 냉철한 자기 판단이 절실히 요구되는 중요단계에 이르렀다. 이런 점에서 문학사에 나타난 선배 시인들의 생애와 작품, 그들이 살아갔던 모든 발자취와 행적(行蹟)들은 우리에게 항시 중요한 관심의 대상이자 특별하고도 유익한 반면교사(反面教師)로 떠올라서 작용한다. 빛나는 활동은 활동대로, 어설픈 과오(過誤)는 과오대로 그것은 우리에게 제각기 웅변적 가르침과 교훈을 주고 있다. 글의 마무리에 이르러 다시 한 번 차분히 마음을 안돈(安頓)하고, 지금까지 이끌어 온 생각과 화두에 집중해보자. 시인은 자기 앞에 줄기차게 휘몰아쳐오는 세월의 격랑을 과연 어떻게 헤치고 넘으며 살아가야 하는가?